VENTE

Du Mercredi 14 Avril 1875

TABLEAUX

ET

DESSINS

PAR

PATROIS

M⁰ BOUSSATON, COMMISSAIRE-PRISEUR

M. DURAND-RUEL, EXPERT

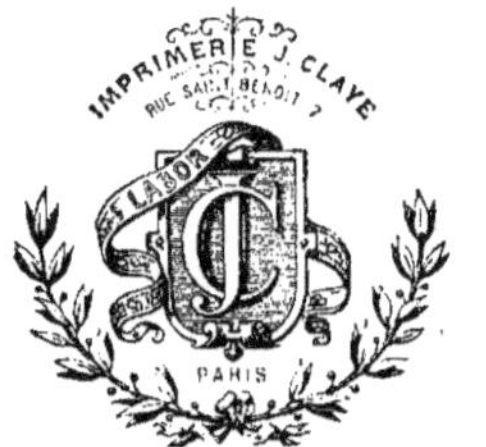

CATALOGUE

DES

TABLEAUX

ET

DESSINS

PAR

PATROIS

DONT LA VENTE PUBLIQUE AURA LIEU

HOTEL DROUOT, SALLE N° 5

Le Mercredi 14 Avril 1875

A TROIS HEURES PRÉCISES

PAR LE MINISTÈRE DE **Me BOUSSATON**, COMMISSAIRE-PRISEUR

Rue de la Victoire, 39

ASSISTÉ DE **M. DURAND-RUEL**, EXPERT

Rue Laffitte, 16

EXPOSITION PUBLIQUE

LE MARDI 13 AVRIL 1875, DE 1 HEURE A 5 HEURES

CONDITIONS DE LA VENTE

Elle sera faite au comptant.

Les acquéreurs payeront *cinq centimes par franc*, en sus des enchères, applicables aux frais.

AVANT-PROPOS

Un homme du talent le plus sincère, un travailleur
infatigable et consciencieux, auquel, du reste, et depuis
longtemps déjà, le public fait l'accueil le plus sympa-
thique, car on trouve son nom sur le catalogue de toutes
les ventes, et ses œuvres dans toutes les galeries,
M. Isidore Patrois, nous présente aujourd'hui une collec-
tion de tableaux et de dessins dont l'heureux ensemble
nous permet d'apprécier ses mérites si divers, en nous
montrant la richesse et la variété de ses aptitudes.

Parmi les vingt-cinq tableaux que l'artiste fait passer
sous nos yeux, et qui attestent chez lui une étude
sérieuse et réfléchie du type humain et une constante
recherche de la beauté plastique, on en remarquera
un assez grand nombre dont il a emprunté les mo-

tifs à la Russie, fort longtemps habitée par lui, et que personne parmi nos peintres ne connaît davantage. On dirait vraiment un compatriote de Pouchkine et d'Ivan Tourguenef. M. Patrois a des préférences fort intelligentes.

Le type russe, surtout dans les classes populaires, qui n'ont pas encore eu le temps de se corrompre au contact de la civilisation occidentale, mais qui ont, au contraire, conservé la pureté de leur sang dans la glace de leur climat, offre à l'étude et au pinceau des individualités vraiment intéressantes et variées à l'infini. Le sceptre des Czars s'étend sur cent races diverses, et réunit sous les yeux du peintre, et comme pour son plaisir, les échantillons les plus divers de la famille humaine : les Slaves de la grande et de la petite Russie; les Sibériens, voisins du pôle; les Finlandais, qui tiennent du Suédois et de l'Allemand; les montagnards du Caucase, au profil aquilin, à l'œil sombre, ombragé par l'arc d'un sourcil superbe; les Tsiganes aux regards profonds et au sourire mystérieux; les Lapons traînés par leurs rennes, et qui viennent camper sur la Néva gelée, au cœur de Pétersbourg.

M. Isidore Patrois a fait entrer ces éléments inépuisables dans la composition d'une foule de jolis tableaux, qui nous retracent avec beaucoup de grâce et de naïveté les scènes intéressantes et pittoresques de la vie populaire dans l'empire immense des Romanoff.

Voué depuis longtemps au tableau de genre, si cher à notre époque bourgeoise, M. Patrois n'ignore pas quelle est en cette matière l'importance du sujet. Il choisit toujours le sien avec beaucoup de goût, et apporte le plus grand soin à sa composition. Quelques-uns de ses petits cadres pourraient, sous ce rapport, être cités comme des modèles. Les *Chanteurs russes*, par exemple, la *Causerie d'amour*, le *Grand-Père et la Petite-Fille*, les *Reproches*, les *Agaceries*, la *Lecture*, les *Coquettes*, sont de fort aimables morceaux, traités avec beaucoup de facilité et de grâce, et qui plairont à tout le monde.

M. Patrois sait toujours rendre sympathiques les personnages qui animent ses compositions. C'est là une des qualités les plus précieuses de sa peinture : il me semble qu'elle fait aimer l'homme dans l'artiste. On serait heureux de vivre avec la plupart de ses héros, et surtout de ses héroïnes. On devine que ce sont de bonnes et affectueuses natures; on veut les revoir quand on les a vues; on ne se contente pas de trouver jolis les intérieurs qu'il nous montre, on a envie de les habiter. C'est un plaisir qu'il serait difficile de se donner à cause de la dimension de ses tableaux, généralement petits. Ne pouvant aller chez lui, il faut le faire venir chez soi.

*

On ne s'en repentira point, car il a le tableau *meublant,* — le mot est de mon tapissier, qui n'est pas un sot. Ses gammes de couleurs tendres, ses tons rose pâle, ou bleu pervenche, avec de légers glacis argentés, tels que le peuple russe les reproduit volontiers dans sa parure, s'harmonisent assez bien avec les nuances délicates et rompues dont cherchent à s'entourer aujourd'hui les femmes élégantes, et ils ajoutent à la discrète symphonie des couleurs neutres une note claire, douce et gaie en même temps, du plus heureux effet.

Si le monde russe attire M. Patrois, on peut dire au moins qu'il ne l'absorbe point, et l'on verra aussi dans son exposition de fort jolis tableaux français.

Ce sont également presque toujours des sujets français qu'il traite dans ces jolis dessins, au crayon noir, avec des *rehauts* de fusain, très-enlevés et très-sûrs d'effet. Le plus souvent ce sont des sujets enfantins, dont l'auteur n'est jamais allé chercher très-loin l'importation ni les modèles : ils reproduisent de naïves et charmantes créatures, saisies sur le vif, au milieu de leurs jeux, de leurs travaux, de leurs joies et de leurs peines, de leurs plaisirs renaissants, de leurs douleurs passagères, et même dans la grâce inconsciente de leur sommeil. Ces charmants crayons, si animés, si vivants, feront la joie des mères, qui se disputeront sous le feu des enchères le

Livre aux images, la *Petite Boudeuse*, la *Fillette dessinant*, le *Déjeuner*, l'*Écolière et son devoir*, le *Doigt coupé*, l'*Œillet*, l'*Oiseau mort*, le *Miroir* et les *Œufs de Pâques*, doux ressouvenirs de ce qu'il y a de meilleur dans l'homme, — son enfance.

LOUIS ÉNAULT.

DÉSIGNATION

TABLEAUX

10. — Agaceries.

11. — Enfants et eur Mère.

12. — La Tsigane.

13. — Les Coquettes.

14. → Pivoines.

15. — La Joie de la maison.

16. — La Cueillette des cerises.

17. — La Chaconne, danse sous Louis XIII.

18. — L'Amateur de bijoux.

19. — Chacun son goût.

20. — La Brassière.

21. — Le Repos.

22. — Jeune Fille dans l'atelier.

23. — Jeune Veuve.

24. — Dans le Bois.

25. — L'Heureuse Mère.

DESSINS

PARIS. — J. CLAYE, IMPRIMEUR, 7, RUE SAINT-BENOIT. — |363|